U0149229

嵐 濤 著

文史哲詩叢

雪祭之塞納河的回憶

文史哲出版社印行

國家圖書館出版品預行編目資料

雪祭之塞納河的回憶 / 嵐濤著. --.初版 --
臺北市：文史哲, 民 97.11
頁： 公分. --（文史哲詩叢；84）
ISBN 978-957-549-822-1 (平裝)

851.486 97020801

文史哲詩叢 84

雪祭之塞納河的回憶

編 者：嵐 濤
出版者：文史哲出版社
http://www.lapen.com.tw
登記證字號：行政院新聞局版臺業字五三三七號
發行人：彭正雄
發行所：文史哲出版社
印刷者：文史哲出版社
臺北市羅斯福路一段七十二巷四號
郵政劃撥帳號：一六一八〇一七五
電話886-2-23511028 · 傳真886-2-23965656

實價新臺幣二四〇元

中華民國九十七年（2008）十一月初版

著財權所有 · 侵權者必究

ISBN 978-957-549-822-1

雪祭之塞納河的回憶

目 錄

愛情篇

推薦序

淚的最底層是情——閱讀雪祭

汪啓疆

一、關於詩

季紅先生曾說：詩是一個觀念，在心裡醞釀成熟，方是詩之素材；不但素材，而且是詩之核心。

張默先生說：詩人所表現的祇是一個永恆的片斷；詩是生活的開始，永遠的開始。

里爾克說：不能假借任何人的手，我是我自己的。

李優虎則寫著：「詩是將內心沉澱的生命用筆的觸覺來記錄一切，猶如面對鏡子」。

我在介述李優虎『雪祭』前，列記這些，是因爲這本詩集的葉脈水痕與皺褶內，我感受到上述觀點映照和實踐的內涵。『雪祭』是一冊李優虎形式、概貌、觸感的情感告白，並借由「生命、愛情、生活」三根支柱綫所自織的蛛網，向您和我們敍述他：感應的、渴盼的、夢想的種種。李優虎如何不斷在若干近似類同的命題下，寫出了給自己的答案和見證。

當然，生命的形態太大了，愛情形式極多差異，生活鹹酸程度不一；作者坦列他的足痕與心跳，脈搏或眼淚；他是一個多感的人，會局限在這份多感內，正若一枚貝殼對海洋的敏感度有其限度般，我們固然看到了他內涵能量固有所局限，但絕不容否定他每首詩作的癡誠！就如一個罐頭向大海打開來，一隻手向生活伸出去，一顆心向生命週遭的起伏作出禱告，有著對自己的無比虔誠。

愛，千萬年來誰說盡了愛？

讀李優虎先生的雪祭，確有一份「獨釣寒江雪」的，那釣與絲，下垂入水的意象內容。生命動態寓於絕對的靜態現象，他詩集內，有著寒怯、澀意、和雪一般的誠實。他把大千由大而小，縮在他的詩裡；他接納孤獨，心頭火燙，最後是以一釣線微不可覺的伸向未凝的江水飛雪間，那可能就是他永不絕望的不凝凍的人間世界，來傳遞一己的體悉。

二、李優虎的真實

優虎這般認爲：寫詩是在一次又一次與時空作交易，用自己換來的文字（詩語言）裏腹、止渴、寄托，蛻化心靈以重生詩韻。他認爲創作之心，才是詩最爲原則的火種；他更強調詩是地平綫般具有平行與垂直的重心，結構層次必須廣泛平行，也應將太陽月亮與人的位置，上下貫接，且深及地球心靈形成垂直的線砣。平行的是骨與肉，垂直的則體現其真理精髓。

他非常直接的用「詩」來說：

我是用文字縫紉時間與心情的生命體
是用韻味剪輯散文與歌劇的投影片
我在春天的清晨可以看到冬天的深夜
可以從我的心看到妳的眼到妳的心情
（詩）

他以這份心思，坦率出了「就讓我盡情氾濫自己的詩句吧」的寫作態度，以及「我看著心在大地上萌芽了」（水）的情感。對他個人的詩創作是以憑真實的觸動——「只是我不明白／爲什麼心會跟著／抽痛」，來試著寫出已明白的部份，進而幽默慎重將詩人表列作語言翻譯機（因爲由語言到文字，情知到詩作，都是一種傳譯）李優虎先生寫得非常務實傳神—「將形成電子影像的投影藉著電流／導向主記憶體的交換中心」，以「供我的生命慢慢來分解」。

他的詩，密度不盡純然，但他一一都將之當作自己的影印，尤其所琢磨出的小詩真是乾淨純剔，自剖準確，故事性強烈，例如：記載寫作過程「我把自己裝訂在詩句中／感覺很痛

／思念的排版／在捕捉什麼／從筆尖寄出相思的淚／包括我自己／全部移植於紙張／開始另一種生命的萌芽」（影印），僅此八行，就活現了李優虎先生創作時的形象、心意、體悉和筆觸、態度。

他是一個完全的自己，在不斷琢磨。

『雪祭』一詩，並非這本詩集中最好的；但對李優虎則是最深的記憶，他說他不是在寫巴黎大雪，而是自己。我讀來感受他文字銜合與意念搗接是如何努力用心的，意在焊融語字，鑄造所要表述的新意，以回饋那份雪落異地之美；我也看到了文字的悸動及整篇架構，包括雪落之聲，並藉過往詩人的愛情，在巴黎一次非常中國化的飛雪中，與自己的愛共化著。在明淨和深意上，優虎先生可以更超脫些，找到自己的生命經驗，而不是僅以「人間四月天」的雪作詮釋。我是說：雪祭已現，李優虎表現了他冷靜的思索、客觀和主知的覺察，努力縫合現象與心智，反而找不出他寫『海上雪』那份「原來生命是活在那麼瞬間／只活一次／只愛一回」胸口直接挨拳的悸動效應。

『雪祭』詩中的「這迎面飄零的浮生軀體，淺嚐／入鏡即化的空寂」，使我思想及沈臨杉詩作『浮蘭德』那句「浮蘭德，妳見過雪嗎／它一聽到雁聲就化作淚滴」的共顫效應。

三、詩人的條件

詩人是沒有條件的。

但是當我們使用文字創作，並供自己之外的另一個呼吸體、思考體、感受體所閱讀，就該有些條件了。

詩人的心與感知，有若一面蛛網會粘住一切所能粘上的人、事、物、情、知識、經驗。甚至包括了，風。我們要使之知道這些是什麼，與讀者間該有什麼連接，所以不能有太多的私我性；該給予一些共同感受的電源插頭與灼亮度。亦如季紅先生認爲：詩是一個觀念之人所見的風貌。

詩人生活、愛情、生命的觸面，必帶來多樣感應。我們如何揀選那長久存在的道理，以找出上帝還未允許發現的另些內容。因爲任何感覺和錯位，都必然產生彼此或輕或重的牽連（一個人的眼淚有時承負了天使的悲哀），諸多現象有其同理性，詩人是作出比同理心更深刻的引申，把別人擴大，因爲自己在擴大。

詩人即要達成一種轉譯，要將所窺現的部份，給出一份創作後更具完整的內容與新意，因之要有文字語言的技巧，再作建構，使詩準確與堅固。使人懂，使人感受，進而感動。創作始於同情且結束於感動，屬知的，也屬愛的，出於種籽，結束於轉譯的花朵果實，並裏孕了種籽天機。

詩人的寫作，是如何把大海寫成鹽粒，把眼淚寫出心跳，把掌紋寫作絲繭，把皺紋寫爲波浪，把死亡寫現曙光……我們有眾多的意義，基礎上是經驗（體悉、閱讀、觀察、生活），摘取（具體、簡潔、感染力），創新（見所未見，寫所未覺），要求自己濡寫得深刻，讓人如何懂得所謂一個人看得見或看不見的種種。

詩人具有美學與建築概念，詩人有其他……非所測知的能力。

「可看到我的愛一直在那裡／／等妳的到來」（想念）

請讀者透過這本『雪祭』，找李優虎的血統書和履歷表吧。

他的血緣目錄是：「我唯一的生態／是將愛情消化後絲狀的吐織在妳掌心／／……我今世的掌紋是妳前世的延續」（掌紋）。這相當程度的說明了：李優虎的條件與初胚。

四、一波波記憶傳回灘岸

雖然雪祭不是一本海洋詩集，李優虎先生裏裏外外卻該是個海洋人。他是一個「停止一切的流動看自己」（水結晶）的人，當「光陰自眼眸的瞳孔深邃成海洋／／……那屬於南方大地的呼吸喜好遙瞰北方星空的絢爛」（海洋族群）是何等醇厚專注，何其遼瓊澗大。然而他認爲——星星與海洋竟同時對我說：你不過是我賭注未來的一顆棋。他以未知與不可測，另有所察知到海洋人是被星圖（傳統定位）與海洋（未知大夢）所撥弄及放置，坦坦白白剝現自己的傾陸性向。

「思想顯得無章」（落海），「那被載滿的鄉愁與責任／／……將心交疊於海圖經緯／卻偷偷描繪返家的航向」（遠航），「在你…轉爲…低泣之後」（至愛），他迥異於台灣或其他詩之咏海者，但卻是一位可尊敬的摯誠者。他面對至愛「我所面對的除了自己／還有妳所追求的答案」，纏綿悱惻得使我看到自己離家的罪惡，即使我倆對愛的闡述不一。

我愛極了他在『海洋族群』詩中的末段：

「不要以為你在海洋外看我
其實妳我所遇的洋流相同
只不過你常依靠在礁岩層
而我常出海漂浮罷了」

如此簡潔明亮清楚，強大的故事性及說明性，是難得見到的。四行詩句猶若撒網海天間，網眼賁張，繩肢透力，歸納到束網的手的所在。淺淨文字與結構把海陸關係，航海心緒，情理感知，層次比襯，說得豐沛入裡，結構出整體現象又美好又完妥，我迄今寫不出來。

但李優虎先生心裡的海，僅是愛情；生命與生活也祇是愛的附屬。他自己召供：「妳是河流中的小船／慢慢探索河流／想看大海／我在海上等妳／迎向妳的心／交合的一切」（心的拼圖），所以他的生命是「我唯一的生態／是將愛情消化後絲狀的吐織在你掌心」（掌紋），他的生活是「我仍會努力尋找屬於自己純真的愛／因爲我是如此的認真」（河流），在海上是「那拉鍊式的傷口／隨時掏出沉重的情緒與最美的心情」（舊疾）。

所以『雪祭』真正而言是以愛情爲脊椎，添加了生命的血，生活的肉，緊密結合的一本詩集。李優虎先生在任何位置和時間，都將一張張愛之瞳孔拍攝於定格記憶，以詩一波波傳回愛侶的心臟灘岸。愛很大，比海更大；愛很小，僅僅繫在某一個人身上。詩人李優虎如此教導了我們。

詩，是出於愛。

他也以詩來批判愛。他對現實的愛情現象產生有困惑，「構型化的愛情組織／將情緒以結構式管理／定型化的語言習慣／衍成契約式同居關係／網路上的子宮日以繼夜孕育愛情」（愛情公寓），進而說著自己的蛻變，「隨著心情節奏看見自己走入愛情公寓／出租的思念／在等著選號的序列中簽賭愛情」（時間），比較著他愛情釀存的溫馨故舊，和自調於「看一遍、痛一次／已不知流過多少血了」（情書）那落差的陌生心情。他還有了愛情公寓，出租愛情，愛情賭徒，愛情卡債……的連貫彰証。

因爲人們不能「時時將記憶拿出來擦拭與呵護」（專情之美），而李優虎則不如此，因他的愛「可看到我的愛一直在那裡／等妳的到來」（想念），來「看我的最初與永恆」（沉澱）。

五、短詩的心靈雋品

我偏重於欣賞他的短詩。

或使他的詩有著「就讓我盡情氾濫自己的詩句」的氾濫，私心確認在他的短詩內他都作成了約束。他的短詩掌握住了精煉品管，過濾再過濾的篩節洗淘，近乎毫無挑剔與贅字，體現了焦距澄澈和美好瞳孔。

我不斷拍打著海岸
想去看妳的足跡
霧中的妳不知走向何方

不過我知道循著心的方向一定可以找到妳

（足跡）

在豔陽下我看著歲月
一個小孩從泥濘的地上爬起來
站在沙塵中看著遠方的海

在每個人潮的波流中
一顆鹽結晶在那裡
（鹽）

淚泌濕了夜
眼角的結晶鹽在清晨滴落在心情上
我看見妳在清晨用同樣的心情拾起昨夜
（夜）

走出局限的自己
生命是廣拓的時空
而不是直線的時間
（生命）

我覺得這些短詩，更能坦現李優虎的本質，這也確是他蘊藏的能量，和該更被期盼及肯定的所在。每首詩具括了瘂弦所說：緊密濃煉的意象，反射性的言語，徐徐而來的旋律美，和凝重沈潛的感動力。

同樣的，雪祭也出現李優虎的所當注意，就是那他已自覺的「氾濫詩句」，他儘力鑄造及焊合所覺所觀，他的專注力相對減弱了共感性；他的「用夢填滿年少／用愛洗浴生活／用妳改變生命」（用寧靜冷凝的心情）的強勢，也因之造成了一些重複繁殖，使讀者讀來不易感覺到與讀者他的相關（並非不具相關）。他把自己扭得過緊，所創造的語言字彙就嵌現出一些突兀。例如「看妳與我之間的空」（流浪），我寫下了一個空（寫），「讀進磁碟的心情／用唯讀的保護」（緣）「月成的海洋」（魚）「出租的看板懸在哪裡」（出租愛情），以及「我用全部日記的籌碼購買前往巴黎的愛情列車／交合著浪漫在塞納河畔吻著清晨」（時間）。迫使我必須加倍認真去思考那文字彼此間消失了的臍帶關連。

我之所以坦率指出這些，是因爲我也如此著。當我的詩在『水星詩刊』起步後，就被洛夫老師直舉爲例（和另一位詩人），文字大概是如此評責：對於有心向現代詩作涉入，但把文字扭屈孿殖得失掉所具關係，以此爲創新，但實屬障礙，製造了文字的矇翳阻隔……。批評是管管先生拿給我看的，要觀察我的反應。海已經把我滔得渾身都鹹了，我祇回了一句：繼續寫，寫到他不再說我。但我是非常感謝洛夫的，至少，他讀了我的詩。

李優虎先生確實有著若干我所不習用的經營表達與文字（語言）筆法，那畢竟是李優虎自己的詩與文學，他的身量、高度、遼闊。世界向他是展開，而非褶合，他會繼續下去。

六、海的最底層是情

「海的最底層是情」，李優虎悟得真漂亮，詩也是如此的。我明白他對自己的詩有相當透澈的瞭解和謹慎，警覺到「商品標籤上的保鮮期只有一年而且需冷藏」（我在這裡看妳），而必須改變與前邁，我們都有直線的時間階段，生命、愛情、生活的保鮮期使我們不容停滯，憑了李優虎自己悟知的這句詩語，他的土壤實是沃腴豐實。

雪祭內的「生命、愛情、生活」的三個選輯區分，其實祇是碑標意涵大於界別區隔。因爲各詩都頗自具體態的交叉重疊，又彼此糾纏，或者這就是他編彙自己詩集的有心營造，以彰現他詩寫的三個支柱，彼此間交織著泯滅不了的關係及血源。

我還是回到我熟悉的海洋來吧。我喜愛讀他寫出的『海』；當李優虎女子般的訴說「淚的最底層是情／一旦接觸到思念即成愛／再用時間混合後而成癡」，男子般的解釋「我的愛在海上，逐流／一波波用記憶傳導的浪推向沙岸／開始向情人訴說多年未說出口的思念／而淚的溫度已無法再溶解歲月／因爲妳已與歲月及記憶結合爲一體」時，我愈加明白：海是他的，誰也拿不去。

因此，他的步履誰也無法替代。他將更會從一枚貝殼的範疇出發再出發，孕結詩之珍珠，自己向大海人世打開來。

二〇〇八、四、三、左營

19　詩圖篇

生命該浪費在這美麗的思念上
因為我看見自己與佈景
劇本是這麼的寫著
珍愛情緣
釀酒成醉
月也模糊了
攝影及詩：嵐濤　景點：巴黎鐵塔

攝影及詩：嵐濤　景點：巴黎塞納河

傍晚飲了一杯咖啡
也吞進整夜的時空
我看著自己將夜切割成片斷記憶
像串珍珠般掛在頸上
沈重的低下頭來看妳

攝影及詩：嵐濤　景點：巴黎塞納河

我的夜被心情煮沸成咖啡
飲了無糖的苦澀與年少
而愛在被包裹的誓言中成海
我夜夜出海
看妳我過去美感的戀情

攝影及詩：嵐濤　景點：西班牙高第建築

用眼看人生
用心寫生命
一生的記憶包袱成網路密碼
沒有破解的程式
我的愛就被無限鎖在文字裏

攝影及詩：嵐濤　景點：巴黎萬人塚

生命在我手中變換顏色
左手的畫筆正描繪清晨
右手的畫筆卻速記黃昏
而左右交替間完成了妳
攝影及詩：嵐濤　景點：荷蘭鬱金香公園

25 詩圖篇

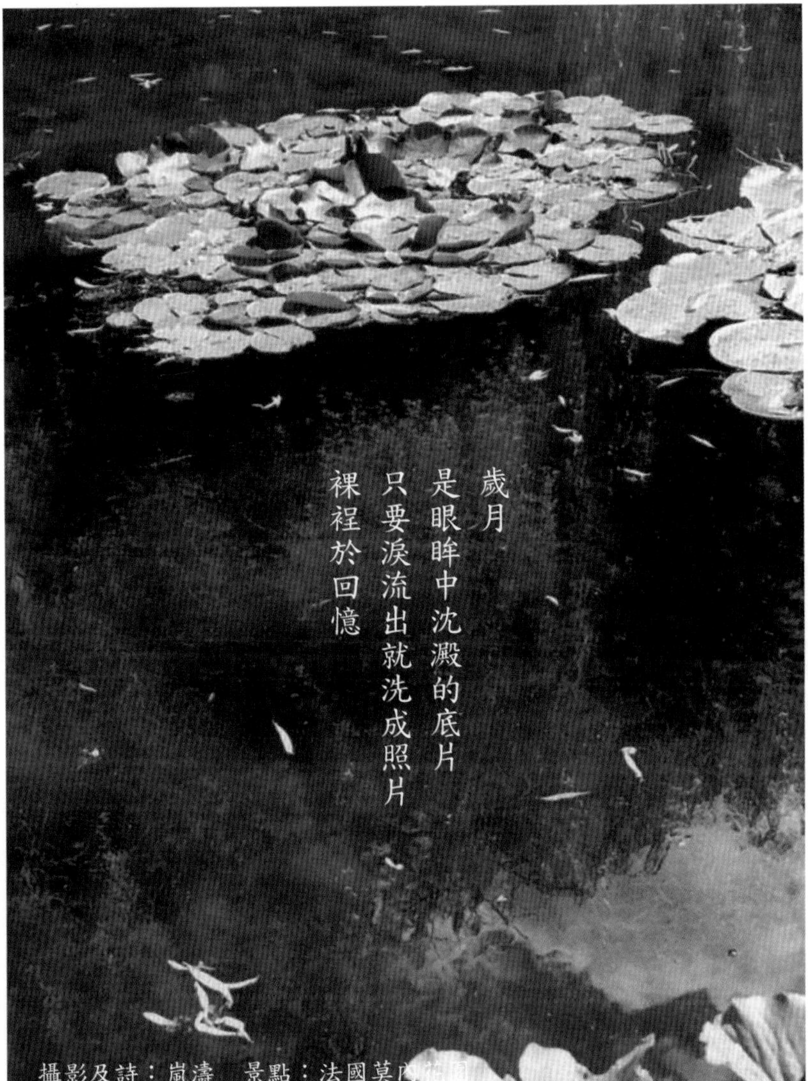
歲月
是眼眸中沈澱的底片
只要淚流出就洗成照片
裸裎於回憶
攝影及詩：嵐濤　景點：法國莫內花園

MATIGNON
那處女般的戀情
浪漫成青春完美的悸動
在記憶穿針引線後成了我
攝影及詩：嵐濤　景點：巴黎左岸咖啡

我的海
在那一片溫柔中散成了一世
屬於我的海
我的情
原來是我此生的所有
攝影及詩：嵐濤　景點：法國南部摩洛哥

我不存在這裡的空間
因為我在文字背後看妳
看著自己與內心的交談
文字化的我
成詩　成散文　成小說的對話

攝影及詩：嵐濤　景點：西班牙山居教堂

悄悄影印風的誓言
鎖住塵封
酒釀歲月

攝影及詩：嵐濤　景點：巴黎紅磨坊

用淚浸潤過的化石
有我亙古的愛在結晶
在四季中風化成呼嘯的
妳
攝影及詩：嵐濤　景點：巴黎建築

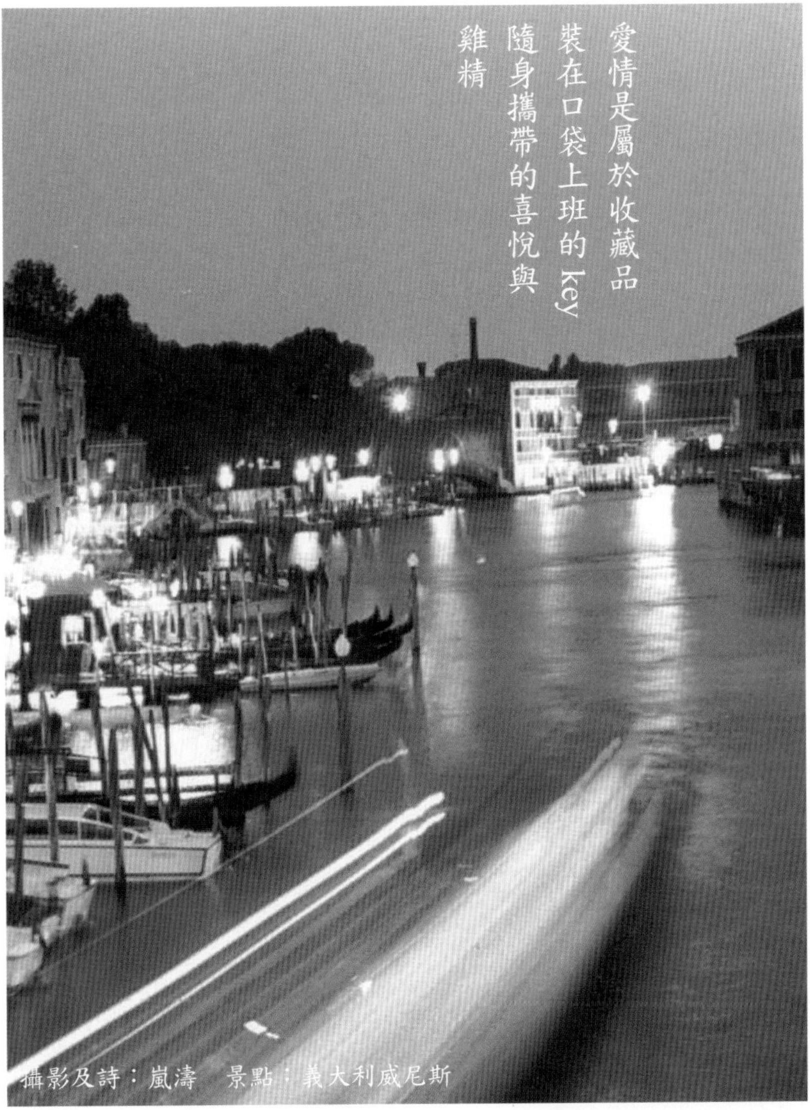
愛情是屬於收藏品
裝在口袋上班的key
隨身攜帶的喜悅與
雞精

攝影及詩：嵐濤　景點：義大利威尼斯

景點：巴黎老佛爺百貨屋頂
攝影：嵐濤

33　詩圖篇

攝影：嵐濤
景點：西班牙高山景

生命篇

雪 祭

序曲：

我因職務派任法國巴黎兩年。

一九九九年冬天的某個下午，氣溫急遽下降，天空大雪紛飛。我下班獨自在大雪中駕車疾行，異樣的心情，在第一次見到大雪直撲雙眼的感覺時，突然激動飛揚起來。下了車，裹著黑色大衣，獨自漫行在巴黎街頭，任皎潔的雪粉白我頭髮，挑逗我衣襟，激動的心情，高亢的情緒，將繁重的工作壓力完全拋置腦後，那大而溫柔的視界，令我對雪的印象完全改觀，她不再是冰冷的空氣結晶，不再是天空凝結的冷漠，而成了我對巴黎最深的記憶。

這股記憶自雪底的那面鏡擴散，浮在表面的微波，輕觸四面八方回饋的悸動。

細心蒐集每一絲「悸動效應」，被期許的契合社會化脈動，一股有生命力的雪即不斷延續，原來，年歲遞變間，妳我都活在一場名爲「雪祭」的篇幅中。

謂之為雪底那面鏡
輝映謂之為生命的我
鏡內排列幾何狀之樣本空間
依緣組合泥坯似的那片記憶

那場冰封妳我瞳孔顏色的風雪
幻化天空底色之佈景
銜接時序停滯的螢幕保護狀態

這迎面飄零的浮生軀體，淺嚐
入鏡即化的空寂

謂之為愛底那場戲
上演謂之為人生的劇
戲中精華索引我之非賣片段
原是剪輯複製妳的定做戲碼

那場膾炙「人間四月天」的雪
導演再別康橋之情愛
並聯徐志摩式的流體愛情理論
以異於常人的角度取景，探索
生命至愛的主題
換取廉價買進的快感

近視後
戴上深色墨鏡迎雪
想掩飾的是濕紅的雙眼，還是沈滯
詩人眼中鈣化的酸

足跡

我不斷拍打著海岸
想去看妳的足跡
霧中的妳不知走向何方
不過我知道循著心的方向一定可以找到妳

在病房重生

為了進行重生的洗禮
用藥水洗浴身軀
在充份激情後
開始以針頭抽取記憶
用酒精痲醉神經

在推進手術室前
記憶盡是疼痛
然而在手術完畢後
斷層掃描記錄卻顯示一片空白
沒有什麼物景是再存在的了

也沒有人會認識我

當醫生在出院證明上簽署
記憶不再是生命的重心
脈搏不再是生命的跡象
並開始展示其整形成功的新產品
還來不及認識自己
卻發現自己的臉孔已陳列在櫥窗內
供為推銷模仿之樣品

在來往穿梭的新病人中
竟有
昔日思念的女友
而她的眼神
亦顯得相當陌生

蝕

用淚浸潤過的寂寞——蝕透
時間與空間的隔膜
任眼神凝視成遐想——用心牽引的
在四度空間
隨思緒上演沒有座標的飛翔

哭紅的空洞
恍如沒有生命的枯椏
在月色鮮明時憑弔過往

沒有空氣的呼吸——進退

生存與死亡的砌鏡
重新排列生命定義——用心愛過後
生存與呼吸無關
死亡與肉體無關

專情的愛戀
恍如夜的月在守候
在日記的日記赤裸寫生

掌紋

我的掌心迎向妳的掌背長吻
纏綿的掌紋契合著相同的命運

重生命運的將心收藏在妳掌上
執思念來美容臉龐
用情愛來滋養年華

我的唇透過長吻的愛解渴
妳的眼透過凝視的淚點光

讓恆美的誓言修飾蒼老糾結的紋脈

而我唯一的生態
是將愛情消化後絲狀的吐織在妳掌心
編織未來

眺望過去終於明瞭
原來
我今世的掌紋是妳前世的延續

做愛

源起一　呼吸與吻
那夜，被歲月鋪陳的床
充滿香水的呼吸與深刻醉人的吻
所有被感情潤飾的感受
藉著體溫的傳達
氾濫孑然情感
挑逗沉寂的心情

步驟二　愛撫
那被愛撫的記憶
在指尖敏感的探索後

赤裸裸底醉吻生命的性感帶
觸動神經蒐集每一寸肌膚裡的電流
串聯成一波激動的反應
遞變而成回憶

過程三　汗水
稀微月光下
汗水的光澤襯托性感膚色
溜滑的觸覺，風韻的體香
烘培一室溫馨
換取淫透的浪漫

穿插四　喘息
像叫床聲中裸露的歡愉
韻律的高潮在漲退之間游移
所有的時光回來推動思緒的觸伸

那被重疊交叉的感覺
在與時光深深的纏綿後
體驗生命初始的本質

轉接五　快感
喘息的節奏跟隨心跳頻率讀秒
嚐試交合塵封的依戀與現實的生活
被潤滑的溫柔
沈浸生命的脈動
呼應血液沸騰的快感

滿足六　鬆弛與疲憊
在時空與思緒激烈的情愛後
只想一絲不掛的夢醉
將全身的重心懶洋洋的躺在
被時光渲染的被褥

很桃花源般的享受
更細緻滑嫩的擁抱

清醒七　溫存
昱日，穿好理智的外套
將所有的心情埋入記憶的塵埃下
沒入人潮現代的波動逐浪前進
偶然，我發現時光
仍悄悄底在被我積壓已久的公文裡
溫柔示愛
我遂將忙碌擱置下來與時光
短暫的溫存

海洋族群

光陰自眼眸的瞳孔深邃成海洋
水草寄生於記憶的肺葉吮吸血液來堅持生命

那屬於南方大地的呼吸喜好遙瞰北方星空的絢爛
原屬於浩瀚航行的大海在黃昏卻專用來垂釣回憶

不再年輕的天空習慣披上彩霞的紅裳
露出乳暈般的雲嵐將視線收集在突起的乳峰

那被強吻的性感帶在正式入夜後被徹底征服
幻化為無數深情的眼

醉迎光色誘人的胴體……

天空對星星説：妳是我生命中的所有
海洋對天空説：你是我永遠無法圓成的夢
但在面對黃昏時星星與海洋竟同時對我説：你不過是我賭注未來的一顆棋
來去只由日出升落間接來操控

不要以為你在海洋外看我
其實妳我所遇的洋流相同
只不過你常依靠在礁岩層
而我常出海漂浮罷了

落海

我醉在海天浮沈的片刻
所有的顏色都變湛藍
記憶跟著憂鬱
思想顯得無章

生命的呼吸在耳際傳達愛人的叮嚀
千喚不應的沉默
對映落日寂寂的大海
那用夕陽染紅的思念
泛上一層夢幻
將愛的影及情的真

全揉擰在久懸欲滴的淚

不是誰都能明白
即使將海裝在口袋裡帶回
你所看到的也只是表面的美
妳無法知道那海水的苦澀中
還有多少是屬於的淚

遠航

面對雷達掃描的螢幕
我的心交疊於海圖經緯
試圖對焦生命的航向

那被載滿的鄉愁與責任
交合成海上的愛戀
苦苦地，溶解著詩句中的痛

在被放蕩心情後
惟一能做的就是寫詩，以及
讓時間與記憶來解剖我

在海上，被生活的形式
沒有什麼是被動流浪的
除了海水的呼吸
鷗鳥的交談，以及
自己反覆表情的臉孔外
生命就像一望無際的沉默

而我，仍是默默地
將心交疊於海圖經緯
卻偷偷描繪返家的航向

至 愛

收到調差上船的命令
突然的一切都消失了
溢滿激動的液體
將情感慢慢溶解

多麼的不捨，我的愛
換來突然寂寞的涼意
與不能擁有的感覺
彷彿一切是那麼遙遠與陌生

海上的日子是多變的，對於妳

長期以意象的堅持來維繫生活步調
流動的一切與我共生
與妳共存

屢屢陷入自己存在的泥沼
用哲學性的思考換算空間
在某個片刻裡轉換成一種訴求
向生命的結構
探索

面對調差令
猶如面對妳
該如何的告訴自己
在妳驚愕凝思轉為窸窣低泣之後
必須強忍淚水的告訴妳

這就是我的生涯
一切是那麼自然的

而在多年後
我所面對的除了自己
還有妳所追求的答案

寧靜海

從沒見過這深邃的海
融合我的浪與濤
我宿命般的依戀大海
發掘石化般的愛戀
與化石般的諾言

海上雪

思念的眼點燃夜空的北星
海上雪的甜是歲月的浸潤

如何調味
佐青春之酒
滲情愛之真
涼拌歲月
生炒空間

原來生命是活在那麼瞬間
只活一次
只愛一回

水結晶

水結晶後的視界
混沌的情感在各菱鏡反射歲月

嚐試在水中呼吸的我重新定義生命
生命是有限伸縮的空間
記憶是纏綿寂寞的時間

停止一切的流動看自己
結晶的時間與空間
重複初戀的相思與苦澀

63　水結晶

無法溶化的冰
一直與水討論結晶與結凍的區別
沒人知道的情與愛
在水與冰之間
產生了我

鹽

在艷陽下我看著歲月
一個小孩從泥濘的地上爬起來
站在沙塵中看著遠方的海

在每個人潮的波流中
一顆鹽結晶在那裡

影印

我把自己裝訂在詩句中

感覺很痛
思念的排版
在捕捉什麼

從筆尖寄出相思的淚
包括我自己
全部移植於紙張
開始另一種生命的萌芽

生命

走出局限的自己
生命是廣拓的時空
而不是直線的時間

流浪

我的心在流浪
從清晨到深夜
從年少到年老
從我的心到妳的眼到凝視的瞳孔

我在這兒看妳
餓了寫個日記來咀嚼充饑
渴了憑弔照片來思念止渴

我一個人開車走過墾丁、知本、盧山、合歡山
想看孤獨及歲月

流浪的型式純如風
看春去秋來
看妳與我之間的空
看我一個人的流浪

年輕的心

年輕的心
是愛情的涼拌
是歲月的調味
妳我都永遠醉在裡面

不會醒的是那些記憶
針縫著心與歲月
一輩子的愛情被封塵在心裡

看著自己流浪
用時間縫合傷悲

以孤獨療養心痛
一切的鏡如雪
我消失在裡面

典型現代記實錄

為了尋找生命的意義
你我用愛結合了生活
那張鮮紅的結婚證書
猶如被長年封存浸泡的疲倦
被局限的思想與生活慣性

軌道似的舖陳在眼前
始終看不見的終點
也不知將在何處停歇

為了傳宗接代的教則

嚐試在病床上做愛
那嬌媚的呻吟
始終銜接著開刀時的疼痛

多年後
我伸手撫摸發炎的傷口
竟從此不再癒合

風箏

我注視著風
揮霍的歲月對看情深的眼
對流的空氣銜接年少的夢

風回過頭剖析我
停滯在二十歲剪裁的故事
那年少的夢依緣量製愛情
飛越山城
走過記憶
沈入海洋
收信人自風的一角接下華美的賀卡

展讀著我裸裎身軀
無修飾的愛隨風飛起

我注視著自己
在藍色與灰帶交接的天空
循著心看放風箏的妳

曇花夢

曇花與夜的約定
走過前世愛情的承諾

真心相守的等待
只為了這一夜的到來
沒有天長地久的守候
終其一生唯一的愛情記憶
永遠保持初戀的新鮮與美麗

如夜與咖啡的交談
醉心於時間與心情的交合

似真如夢的妳來到夜與我交談
我透過夜來看自己與妳的對白
內心裸裎的心情
如前世的約定與等待
我看妳的美
永遠停滯在那夜的愛情

紫色咖啡

用夜調成的咖啡
輕挑紫色味蕾
充滿生命初始的感動
在初戀的情懷內
種滿相思

我初戀的愛人呀
在此寧靜的夜
用感動剪裁月光
拓印初吻的側影
再用記憶表框成愛情

愛情篇

愛情公寓

構型化的愛情組織
將情緒以結構式管理
定型化的語言習慣
衍成契約式同居關係
網路上的子宮日以繼夜孕育愛情

汰除掉的空間
呈時間序列的密碼交談
只有妳看懂的軀體在網路上
變形
眼不是辨別物體的窗口

鼻不是呼吸空氣的管道
口不是咀嚼食物的入門
昇華的生命重新定義我的一切

網路是人生的舞台
愛情公寓是最底層的潮濕——感動與思念
這兒的妳我用愛情來展延青春
用同居來兌現承諾
被偷竊的心情以未訂底價的方式
拍賣
最真誠的感動以數位化的簽證
見證愛情

網路愛情是一種生活態度的橫切面
如果有心即為真實
如果無心即為虛幻

一切的意象以心的方向為依歸

看盡繁花
數遍落日
累積一世的情感
持續性的等待上演另一個人生
那其實是我的一切
等待的心情

出租愛情

愛情的保鮮期沒有標示壽限
製造日期也不清楚
出租的看板懸在哪裡
網路代理商贊助廣告

只有一坪的面積
必須要由時間來虛擬延伸空間
沒有心情的心情
沒有日記的日記
徹夜排隊購買入場卷
可惜貴賓席已客滿

只有站票來看愛情的演出
我站在門外看房內自己
海洋的濤在高山上嵐化了

愛情賭徒

好一個愛情賭徒
愛的鏡頭掠過心中衍成文字
情的激浪在妳眼裡掙扎成濤
是大樂透還是刮刮樂
一輩子的運氣在網路上賭注青春
如果可以中統一發票也無妨
即使是中三位數的機緣
愛情賭徒可以用我愛妳三個字買進愛情股票
等到適當時機賣出

如果愛是一種賭注
請用心來當籌碼

愛

我的愛被掛在清晨拍賣
風吹拂甜蜜的情釀成記憶
陽光的溫度剛好可溶解心情
愛情在夜晚時收成
一生的記憶包袱成網路密碼
沒有破解程式可解密
我的愛就被無限的鎖在記憶裡

愛情卡債

意象彰顯的形色
快遞心情與歲月
封面的郵戳是思念
解不開的包裹
用等候的情緒郵資付清愛情的信用卡債
信用中心變成詐騙集團
蒐集片斷情緒騙取無價詩篇

專情之美

記憶很美
有時也會傷身
時間的河流沒有停過
血液的脈動沒有滯留
屬於我的愛情
在清晨開始垂釣青春
一室的寧靜也跟著歲月沈澱

專情的男子與記憶的結合
會是多燦爛的人生
由寧靜中擠出一滴淚

混著我的愛埋葬在記憶

我仍是忙碌的上班族

但我時時將記憶拿出來擦拭與呵護

時間

輕撫臉頰微漲的血液
隨著心情節奏看見自己走入愛情公寓
出租的思念
在等著選號的序列中簽賭情感

我用全部日記的籌碼購買前往巴黎的愛情列車
交合著浪漫在塞納河畔吻著清晨
落日也悄悄的同時升起明月
撫弄我的眼眸與微張的唇

我的呼吸停止在妳舌尖
分析我的苦澀

風中的思念

隨風散成落花的心情
一室靜謐的紅
思念的顏色染遍大地曠野
看不見的一切
在距離丈量中數著空間的轉移
自己在曠野中
一個人看著落日　彩霞
生命出現
視界在夏天成形
思念在秋天成愛
我看著自己與妳的對話
在春天萌芽

沈澱

夜與咖啡結合成紫色的沈澱
合成的現在進行式是思念

多年心與歲月的沈澱如詩如夢
我只能在這裡看妳的一切
看我的最初與永恆
看愛情用緣來調味

多年的陪伴與守候不是朝夕的文字心情
也不是一時的情緒揮霍
不再掩飾思念

夢與愛可以在真實交流
用詩來充電
我沈溺的詩情是思念妳後的調味
被調味後的我
充滿初戀的喜悅與思念的痛

醉

我的心在這裡
用思念來導電
觸動的波動如緣
恆是心繫的喜悅如妳

愛是詩人的重心
弦如空之月盈
靜如時之空寂

當我面對妳
如心面對鏡

相同頻率的心跳
用同樣的思念來裹腹

我的人在這裡
看著妳用時空縫合我的傷口
淚濕的眼
酒釀一世情愛

緣

由鏡看妳
我也在其中

讀進磁碟的心情
用唯讀的保護

修改不了的命運
依緣複寫過往的真

我守著眼看著心
給妳的訊息只有密碼

用時間及日記的交錯
才可解讀愛情

夜因寧靜而思索
情因浪漫而潮濕
我的一切只是個水結晶
一如妳

想 念

蒐集的心情
編織成一張網

網中的妳依偎著愛
用我來折疊心情

重組失落的記憶
總停滯在思念的那一角
用物件式封包成的執行檔
只要妳用日記的心情來解密
可看到我的愛一直在那裡

等妳的到來

魚

我還在這裡
沒有時間的河流
轉個彎渠
月成的海洋
淌洋在夜的深處
午夜夢迴的形影

咖啡與杯子的戀愛
用心成的杯子
裝滿澀的心情
幸福的滋味原來就在懷裡

用海激起的浪濤
彎成港口的溫慰
細數著進港的魚
而在岸上的我曬成一粒鹽
浸透了夜的咖啡廳
獨自暢飲著妳

心的拼圖

妳是河流中的小船
慢慢探索河流
想看大海
我在海上等妳
迎向妳的心
交合的一切

如果心是一個拼圖
在人生中尋找完整
如果妳看到我的心
會發現契合的意念在改變
因為配合妳的一切

牽掛

想妳
那子夜的深眸
令我醉愛的吻

當我在祈禱的空隙檢視自己
內心裸裎的世事
投影子夜的空
我終於知道
思念伴著分手過後而強烈
所有結晶的愛
如珍珠般滾著歲月的光澤

我渴望見妳
在等待的巷口
在徘徊的店前
如初視的靦腆
如新婚的怯紅
如多年前那內心唯一的
牽掛

深情

我在今日的觸覺，提煉過去身影
注入未來的期許之中

如訂婚似的簽署自己
奉獻所心愛的一切
與終生相許的諾言
靜靜地，又來到好深好深的夜
觸動最冰涼的弦
伸手可及的景物
都隨心情壓縮而漸模糊
並滾出濕鹹的淚

永遠掛在最深情的星空中
與我的眼神一樣閃爍
透明

情書

看一遍　痛一次
已不知流過多少血了

粉紅的信箋
捎來多年蒼白的記憶
我用雙手捧起熟悉的字跡
思緒纏綿
最後回到陌生的心情

再次赤裸裸的面對自己
期許時光在我臉孔上

留下了些什麼
是額頭的皺紋
還是眼角久懸不落的
淚珠

Angel

Angel，妳該知道我正在想妳
從淒美的感覺中想妳
而夜是我倆共同的語言

每一次透過夜來交談
妳我就重回美麗涼亭下的記憶
那幅背影纏綿的墨彩畫
鋪歲月為畫紙
染記憶為顏料
執每一刻的思念來著色

我拾起飄零歲月將它排列組合
每一角，每一切口
猶如記憶的分割線
只有向內心探索
生命的義意乃終認清
在一千多個夢迴之後……

不是一個故事
也不是一個結局
我仍在走著
在夜的淒美內流動

寫給妳的

愛情在眼底淚成記憶
濕透的心情成詩成愛成網路
我的心灑在這裡成根
用時間來療傷
用忙碌來止痛

等待的心情與愛情是平行線
我望著妳的足跡度日
饑吞記憶
渴飲思念
生命是一個等待的動詞
因為有妳與月亮同時的存在

荷

荷裏有風
風中有情
我已進入荷裏看風
風蝕的記憶
風損的誓言
我坐擁妳入懷

蓮根相錯
緣織夢隨
一切都誕生了

心

愛情是一種感覺
是感動的代名詞

每個人都背負著責任
在生活區間的框架生活
總有那麼深的遺憾與宿命
那種提不起的誓言

對妳
只想真誠的付出
沒有索求回報

那怕只是一聲問候
在這美麗的時刻將會是我這生最大的喜悅
在網路將自己的思念貼為郵票寄出自己的心給妳

意　象

一切的意象以流動的形態來彰顯價值
不需要有文字
無多餘的言語
夜用整合的心情來體驗意象與真情

一切的顏色都消失
只有妳站在面前
用整夜的相思在地平線築起愛情

生命的底色
不需調色即已沈澱最愛

如果在此還能留下什麼
只有一顆心在弦月
弦釣年輕的歲月與初戀的真誠
心也許流淚　但始終混合著愛
文字可能激盪　但詩意始終沒停
因為有妳
一切才有價值
我的意象才存在

妳不在我即消失
妳無詩我即無詞
所有看見的我是妳
流浪的我：看著自己走過自己
也是看著詩在寫我
而心在寫妳

停滯

我在這裡，什麼都沒動
妳停滯在我這兒
時間是一條會移動的空間

內心看到的與眼球外的視界
在停滯時會有流動性的差異
流動的一切
包括心情、愛意、與說不出口的承諾

我用停滯的心仔細看妳
美麗的妳化成午后陽光
與深夜的明月
在每個移動的空間品味愛情

愛情

愛情不會消失
她只是隱藏在妳眼眶
用一種流動的美學
在數量化妳的時間與情緒

影

每日我看到妳的
影，如月篩過心的投射

晃如我的生與死在交談
談過去與未來如何編織成現在
談時空與日記如何裸裎我與妳

我的一切是影的堆砌
用心來看視界
形成的定義及未知的因緣混沌成人生
而我仍是靜靜的，看我與妳交談
用文字及我赤裸的心來呼吸而成生活

生活篇

海

海是蒼天的淚
哭紅的眼在黃昏冷看生命
低氣壓的情緒將我擠出
在淚的溫度中溶解歲月

妳如我，是蒼天的淚
陪我自浪頭跌進深海
再由洋流迂迴進入記憶
記憶之美如鏡中純白的淚光
充滿調和的光彩
由哀傷加上希望

淚的最底層是情
一旦接觸到思念即成愛
再用時間混合後而成癡

我愛海，如嵐之狂戀群山
　　如濤之激吻礁石
如老人想起了二十歲的初戀

我愛妳，如月之陪伴群星
　　如詩之纏綿愛情
如冰封的記憶解開生命價值

我的愛在海上，逐流
一波波用記憶傳導的浪推向沙岸
開始向情人訴說多年未說出口的思念
而淚的溫度已無法再溶解歲月
因為妳已與歲月及記憶結合為一體

戲 子

生活在公式之內
頻率的呼吸
像在導演一場戲

白色的螢幕裡
漂浮著五彩光影
一齣齣賣力的演出
藉著瞳孔的聚焦
迅速銜接劇情

回到寂寞

視線慢慢拉起眼簾
銀白聚光鏡跟著我走動
整個舞台的界限網住了一切
生活就在生命之中錄影

在反覆播映熟悉畫面後
我認清自己的表情
並寄情於未修飾的劇本
編織往日的愛戀與鄉愁

直到深夜
心情緩緩沉澱
我試著忘記自己
忘記表情

時間的痕跡

歲月望著記憶的背影
從凝視中傳遞言語

時間躍進昨日與明日的日曆
去真實的擁有今日

而我還是慢慢的走
走過等待，走過期許，走過黎明與落日
以及那多年不變的唯一

最後回到生命的起點

世紀等候的心情
磐若石化的愛戀
與化石般的誓言

夜思

夜深了
思念以詩的秩序洩流
遠處盞盞燈火
守著寂寞的月亮

風飄流在淚水之中
迎光的瞳孔湧出哀痛
心都折回來了

倚著深夜歇一會兒
唯一想做的仍是觀察自己

所有的感覺都向我圍攏而來
肌膚與血脈同時擴張
一切慢慢寧靜

也許　生活是蒼白了些
承認記憶是生命的背影
只是堅持不相信心已老去

夜深了
只是我仍不想睡
默默的望著月亮與
自己

我在這兒看妳

我在這兒看妳
飲了一杯以夜調味的咖啡
恬靜而私密的來寫人生劇本
由記憶來導演

用手帕將信紙上的灰塵拭去
仍看不清寫信時心情的底色及信件內容
是不是要用38度C的體溫來顯影
是不是要用愛與思念的語言來翻譯
還是妳根本未曾寫過愛情

將日記用夜的語言來檢視原始碼
沒有圖片與音樂的保護
赤裸的愛在無底價拍賣
商品標籤上的保鮮期只有一年而且需冷藏
也沒有保固期限
但我們仍鍾情那期限內的感動

半夜3點，我自床上驚醒，在這兒看妳
嘴角殘留的口紅仍有親吻妳後的甜蜜
夢境的愛永遠是這麼美

存在

我存在哪
天空
月亮
海洋
在妳心裡

看著自己的存在與歲月交集成詩
看著自己的存在與思念聯集成情
我存在生命與情感

午夜看著自己與燭燈讀寫

寫妳
寫我
寫生命與愛情
而我與妳始終用詩的型式來交談

嵐

嵐裡有風
散不去的是結晶
如果記憶是真的

我走在這裡的寧靜
聽春光數落夏日
看心情素描臉譜

激起的雪白空如色
沒有自己的舞台
沒有排練的劇情

沒有專屬的舞群
沒有視覺的觀眾
所有的顏色都沈默
我留下黑與白的調色盤

用心情煮沸
其實我已消失

詩

我是用文字縫紉時間與心情的生命體
也是用韻味剪輯散文與歌劇的投影片

我在春天的清晨可以看到冬天的深夜
可以從我的心看到妳的眼到妳的心情

我是由妳來執筆
時間以感動來文字
夜與夢因思念而糾纏

看過的人都叫我為詩
其實我只是海水的結晶體

詩集

看了一遍二十歲時出版的個人詩集
我再活了一次
鏡子中的我飲盡時間
戀情狀的群體
海綿性的吸取年少

我的愛凝視在夜的月
我的情結晶在清晨的水露
提不起的誓言
看著歲月穿流過詩詞

徐志摩的愛情
再別康橋式的緣分
如何消化情感
我沿著生命的定義走入妳

水

心如水
透明純淨
愛如水
深刻真情
如果我有生命
是移植自妳的傳說

傳說妳自雪山來
帶來我美麗的記憶
來不及著色的雲
載著我的心傳遞跳動

我看著心在大地上萌芽了

水是妳
是我的生命
是存在的一切
猶如太陽能在夜裡點燃月亮
我會一直看見妳

心

我的心弦月
看著妳的一切
彎成的等待
在上弦月時看著下弦的妳
何時中秋月圓
這樣才會見到妳

舊疾

終究是無法逃過心情的侵蝕
所有的一切都相互堆砌著陌生
僅有的記憶拼命爭相洩流
企圖推倒水霸般的空寂……

不是任何時刻都能擁有自己
惑戀美豔的花都
醉臥夢迴的激情
那專情的男子
把美的不能再耀眼的黃昏隨手拋去
把夜深皎潔的明月專用來垂釣滿室回憶

總是擴散夕陽的紅來渲染背影
吮吸海水的藍來填滿生命

當把自己攤在陽光下
呼吸與味覺纏綿成了吻
承納四周過往的甜美與苦澀
那拉鏈式的傷口
隨時掏出沉重的情緒與最美的心情
讓時光消毒
止痛

在陽光滌盡血液與淚水後
還是要用紗布包裹
整個治療過程醫生習慣稱之為手術
但在天冷時
當它是另一場美麗的初戀

用寧靜冷凝的心情

深夜
走進時間叢林
觸動空氣凍結的聲音
鋪蓋沉澱的清涼

漸漸，孤獨跟著走進
整個空間破裂的景象
投影血液流動的疼痛

直到我嘗試以記憶為鋼筋
用血汗為水泥
砌起一座座城堡
走進屬於自己的歲月

用夢填滿年少
用愛洗浴生活
用妳改變生命

於是，在風中
望著背影
泅泳過眼神
那潮濕的期許
換來陣陣寒意
與蒼白的等待
我企圖擺脱漸趨凍結的視野
抹去空寂的顏色
探索真實

讓忙碌包紮自己
替寧靜的心情
止血

沒有空間的生活

這些日子以來
傷口仍在流血
信還沒有寫完
一切遙遠的殘餘
化作泡沫般眷戀

這些日子以來
感覺生活的稀寥
書桌還沒有整理
所有理性的虛實
納入人群的忙碌

雖然我沒有停過
然而
靜下來的天空卻是虛實的
空的連思想也沒有了

寫 詩

隻身坐在子夜的懷抱
思緒渴飲著過去
像一切都枯竭了
醉入一個沒有生氣的空間
塗丫著散漫的墨水
始終無法擬定的句子
不知是我要寫詩
還是詩在寫我

投影子夜的無限
我靦腆的望見自己

那裸裎的吻與強烈的愛
在生命簾幕上
為何寫生的如此真實

就讓我盡情氾濫自己的詩句吧！
激動的淚
灑下一片潮紅的熱與纏綿的痛

當我憶起年輕
石化般古老的愛
不斷湧出新的生命定義
與成熟的代名詞

語言翻譯機

將形成電子影像的投影
藉著電流
導向主記憶體的交換中心

如密碼般的訊息
沿著童年夢想
新婚怯紅
排列通過年輕愛戀
從初始的緣情到昇華後的情愛

有組織的過濾平凡雜質

並累積有效的經驗成份
最後結晶成意念主導的記憶
供我的生命慢慢來
分解

眞實的觸動

我想折疊太陽
控制時光
導演一場生命與
另一境界的靈魂

坐在稿紙前分析自己
欣賞記憶放映出來的毛片
剪輯過後呈現給讀者
而我則鍾愛原來的感受

夜晚，月亮被自己的心情

裝飾神秘外表
而我依然想去認識些什麼
也許只是想理解些感受吧

只是我不明白
為什麼心會跟著
抽痛

角落

當我悄悄面對妳
生命即短暫停滯
幻化自我的空間
維持螢幕保護狀態

當妳獨自面對我
生活將澈底沉澱
無所不在的時間
保持生命初始型態

生命起落熙攘人往

坐擁不肯蛻變的青春
紅塵浮海浪退潮漲
撫慰不願退化的容顏

那用愛染紅的思念
烘焙發酵的無限欲念
待成形的視界
任遐想注視成單飛的風箏

夏天

夏天有點漫長
炎熱的太陽慵懶的蒸發成一地火燙
野狗成群躲在車底避暑
而我被曬傷的脖子像被記憶灼熱

路過的人看著我的心也跟著燃燒
而我只專心的看愛情與詩在對話

樂曲演奏完的妳看的到我的心也在演出嗎？
筆下的詩人及藝術家
定義為生命而我則稱之為海上雪
……遇思念即溶化

河流

時間的河流承載記憶
記憶自妳的心註冊
一路綿延到我這裡
一切都潮溼了

時間如水的停滯
在體內切割
分離血液與軀體
我清楚的看見生命的存在
如果生命只是記憶

只是河流
我仍會努力尋找屬於自己純真的愛
因為我是如此的認真
我的詩永遠不會停止
將自己讓歲月捏塑成影子

夜

淚沁濕了夜
眼角的結晶鹽在清晨滴落在心情上
我看見妳在清晨用同樣的心情拾起昨夜

沁

因為美麗的記憶在浪濤的水花間已成鹽
結晶成一個漲紅的心情在整個下午開放
再用夜的寧靜冰滴成咖啡

生活

生活在風中
每一個移動的空間
將我的時間停滯在這兒
只有妳知道的一切

如果生命可以重來
每個思念的情景是來生的願望
我的生活已走遠
走出生命
原來我的愛已結晶成網路

多樂米之戀

初見妳是在夜與眠間的時間性感帶
熱烈的網路痲將激戰後
帶著甜入夢
一切都靜止了

被思緒浸濕的時間
被心情摺疊的空間
溶解妳我之間的距離及煮沸夜的溫度
生命共同體及相互扶持的心
隨時間滲透夜色而成黑咖啡
我飲盡了浪漫

醉成了思念

夜，因妳而美麗
我寫下詩的密碼
藉由網路串聯妳我神經而傳達感動
被挑逗的心情自主學習詩的語言
看到了妳也在寫詩
而我是筆

寫

我想寫我

看過天空海洋
看過時間空間
看過愛情纏綿
看過生命結束

聽過清晨與深夜的密語
聽過忙碌與空寂的對白
聽過生活與生命的爭辯
聽過時間與空間的交談

排列牽掛
微積情緒
重組思念
量製愛情

我寫下了一個空